Schauen und Wissen!

Bildnachweis
© blickwinkel – H. Baesemann: Cover
© Majka Gerke – S. 34
© mauritius images – Jim West/Alamy: S. 32 (r.)
© Shutterstock – Mark Agnor: S. 10 (u.), Igor Batenev: S. 25 (M.); Inna Bigun: S. 9; Bildagentur Zoonar GmbH: S. 27 (r.); Borisoff: S. 19 (u. l.); Nina Buday: S. 29 (o. l.); Matteo Chinellato: S. 14 (l.); Dennis Diatel: S. 17 (l.); Drop of Light: S. 26 (r.), S. 27 (l.); FooTToo: S. 30/31; FotoHelin: S. 5 (l.); Peter Hermes Furian: S. 7 (l.); Dominic Gentilcore PhD: S. 25 (u.); GoodVector: S. 13; Halfpoint: S. 18; Edward Haylan: S. 24 (u.); Ivan Hoermann: S. 25 (o.); HTeam: S. 29 (u. l.); Brian A Jackson: S. 26 (l.); Kichigin: S. 7 (r.); Ekaterina Kondratova: S. 5 (r.); Marina Kryuchina: S. 19 (o. l.); Mariliis Kutsar: S. 11 (o.); LeManna: S. 28 (r.); Lisa-S: S. 11 (M.); mapsandphotos: S. 4; MariaZubareva: S. 3; Maximilian100: S. 28 (l.); MindStorm: S. 14 (r.); Ruud Morijn Photographer: S. 14 (M.); Sergey Novikov: S. 2, S. 29 (u. r.); Liv Oeian: S. 31 (r.); PaniYani: S. 16 (l.); Pi-Lens: S. 33 (r.); Piyaset: S. 16 (r.); Tatiana Popova: S. 15 (l.); Raffael Portugal: S. 22/23; Radzimy: S. 17 (r.); Sambulov Yevgeniy: S. 10 (o.); Alena Stalmashonak: S. 15 (r.); stefanolunardi: S. 23; superjoseph: S. 19 (r.); Tarpan: S. 20; sirikorn thamniyom: S. 29 (o. r.); Mikhail Varentsov: S. 24 (o.); Vershinin89: S. 32 (l.); Wead: S. 33 (l.); Jan Martin Will: S. 21; Yuganov Konstantin: S. 11 (u.)

MIX
Papier aus verantwortungsvollen Quellen
FSC® C043106
www.fsc.org

Originalausgabe
© 2022 Hase und Igel Verlag GmbH, München
www.hase-und-igel.de
Lektorat: Anna Schultes
Illustrationen: Hendrik Kranenberg
Satz: Appel Grafik München GmbH
Druck: Grafisches Centrum Cuno GmbH & Co. KG

ISBN 978-3-86316-409-6
1. Auflage 2022

Karolin Küntzel

Ist der Eisbär in Gefahr?

Fragen und Antworten zum Klimawandel

Hase und Igel®

Was ist Klima?

Sicher hast du schon einmal vom Klimawandel und seinen Folgen für alle Lebewesen auf der Erde gehört. Aber was wandelt sich da eigentlich? Klima nennt man das Wetter, das in einem bestimmten Gebiet über einen längeren Zeitraum herrscht. An den Polen ist es zum Beispiel immer kalt, im tropischen Regenwald dagegen gleichmäßig warm und feucht. In Deutschland haben wir ein gemäßigtes Klima und vier Jahreszeiten. Es wird fast nie extrem kalt oder heiß. Im Sommer kannst du im See baden und im Winter mit etwas Glück rodeln.

Wetter hingegen bezeichnet den Zustand an einem bestimmten Ort zu einem bestimmten Zeitpunkt, zum Beispiel in Berlin am 15. Mai um 17 Uhr. Da war es vielleicht mit 25 Grad Celsius sommerlich warm, während in München ein Gewitter tobte. An jedem Ort auf der Welt und zu jeder Zeit gibt es Wetter. Es zeigt sich in Form von Wärme oder Kälte, Sonnenschein oder Bewölkung, Wind, Regen oder Schnee. Wetter kann sich im Gegensatz zum Klima sehr schnell ändern. Schien eben noch die Sonne, kann es kurz darauf wie aus Eimern schütten.

Schlaue Frage

Lässt sich das Wetter messen?
Ja, mit Messgeräten. Wenn du die Temperatur wissen willst, hilft dir ein Thermometer. Die Niederschlagsmenge zeigt dir ein Regenmesser, in dem die Tropfen aufgefangen werden. Auch der Luftdruck und die Windgeschwindigkeit lassen sich mit Geräten berechnen.

Das Klima der Erde

Mein Lexikon

Äquator:
Der *Äquator* ist eine gedachte Linie, die waagerecht um die dickste Stelle der Erdkugel herum verläuft. Diese Linie teilt die Erde in zwei gleiche Hälften, die Nord- und die Südhalbkugel.

Große Gebiete auf der Erde haben ein sehr ähnliches Klima. Man spricht deshalb von Klimazonen. Sie liegen wie ein Band um die Erde herum. Unterschieden werden fünf Zonen: Polarzone, Subpolarzone, gemäßigte Zone, Subtropen und Tropen. Arktis und Antarktis sind in der polaren Zone, an den Polen der Erde. In der Mitte, rund um den Äquator, befinden sich die tropischen Zonen. Dort gibt es die meiste Sonneneinstrahlung im Jahr und es herrschen die höchsten Temperaturen.

Die Klimazonen werden oft farbig dargestellt. Blau steht für kalte Gebiete, rot für sehr warme und grün für gemäßigte Regionen.

Die vier Jahreszeiten kannst du bei uns leicht an der Belaubung von Bäumen und der Färbung ihrer Blätter erkennen.

Die Jahreszeiten entstehen durch die Neigung der Erde zur Sonne. Während unser Planet innerhalb eines Jahres einmal um die Sonne kreist, wird er nicht an allen Orten gleichmäßig beschienen. Neigt sich die Nordhalbkugel leicht zur Sonne, ist dort Sommer, während auf der Südhalbkugel Winter herrscht. Umgekehrt ist es genauso.

Jahreszeiten, wie du sie kennst, gibt es wegen der unterschiedlichen Sonneneinstrahlung nicht überall. In der Arktis und der Antarktis ist entweder Polartag oder Polarnacht. In den Tropen kennt man nur Trocken- oder Regenzeit.

Die Polarnacht dauert sechs Monate. In dieser Zeit steigt die Sonne nicht über den Horizont, also die Grenze zwischen der Erde und dem Himmel. Deshalb ist es auch mitten am Tag dunkel.

Klima durch Wind und Wasser

Neben der Sonne sind Wind- und Meeresströmungen für unser Klima verantwortlich. Mit ihnen „reist" die Wärme vom Äquator in andere Gegenden der Welt. Aufgrund der direkten Sonneneinstrahlung sind die Temperaturen dort besonders hoch. Die warme Luft steigt nach oben und strömt in Richtung der Pole. Auf ihrem Weg kühlt sie ab, sinkt deshalb wieder nach unten und bewegt sich zurück zum Äquator. Die Luft kreist also und wir spüren sie in Form von Wind.

Ähnlich verhält es sich mit den Meeresströmungen. Auch sie transportieren jede Menge von der Sonne erwärmtes Wasser aus den Tropen in die kalten Regionen. Kühlt das Wasser auf seinem Weg ab, wird es schwerer und sinkt auf den Grund des Ozeans. Durch den Sog, der dabei entsteht, fließt warmes Wasser aus den Tropen nach und der Kreislauf schließt sich.

Die für uns wichtigste Meeresströmung ist der Golfstrom. Er sorgt für ein angenehmes Klima in Europa. Ohne ihn könnten in Südengland keine Palmen und hoch im Norden Norwegens keine Äpfel wachsen. Er ist eine Art Warmwasserheizung.

Schlaue Frage

Wie groß ist der Golfstrom?

Der warme Golfstrom ist fünfzig bis 150 Kilometer breit und mehrere Hundert Meter tief. Er fließt mit einer Geschwindigkeit von ungefähr sechs Kilometern in der Stunde. Dabei transportiert er hundertmal so viel Wasser wie alle Flüsse der Welt zusammen.

So fließt der Golfstrom durch den Atlantischen Ozean. Das rote Band zeigt den Weg des warmen Wassers, das blaue den des abgekühlten Wassers.

Durch den Wasserkreislauf wird sauerstoff- und nährstoffreiches Wasser aus der Tiefe an die Oberfläche transportiert. Riesige Fischschwärme und Wale finden darin Nahrung.

Warum wird es immer wärmer?

Das Klima wandelt sich. Eigentlich ist das nicht ungewöhnlich: Im Laufe der Erdgeschichte hat es immer wieder Eiszeiten und Warmzeiten gegeben. Da hat sich die Temperatur allerdings sehr langsam verändert. In den letzten Jahrzehnten ist es jedoch viel schneller wärmer geworden. Diese Entwicklung wird sich noch beschleunigen, wenn wir nichts dagegen unternehmen.

Ein Teil der Sonnenwärme, die bei uns ankommt, wird in der Atmosphäre gespeichert. Verantwortlich dafür sind Gase, die sich in der Luft befinden, zum Beispiel Kohlenstoffdioxid (CO_2), Methan (CH_4) und Lachgas (N_2O). Ohne sie wäre es auf der Erde eiskalt wie in einer Gefriertruhe.

Die Speicherung der Wärme in der Atmosphäre funktioniert ähnlich wie in einem Gewächshaus für Pflanzen, auch Treibhaus genannt. Deshalb spricht man vom Treibhauseffekt und von Treibhausgasen. Diese Gase gab es zwar schon immer, inzwischen produzieren die Menschen aber viel mehr davon als früher. Aus diesem Grund steigt die Temperatur auf der Erde.

Mein Lexikon

Atmosphäre:
Die schützende Lufthülle um die Erde nennt man *Atmosphäre*. Ohne sie könnten wir nicht atmen und es gäbe auch kein Wetter.

Die Sonnenstrahlen heizen die Erde auf. Die Erdoberfläche gibt die Wärme wieder ab. Ein Teil entweicht in den Weltraum, der Rest bleibt in der Atmosphäre. Auf der linken Seite des Bildes siehst du, wie das normalerweise funktioniert. Rechts zieht wegen der vielen Treibhausgase weniger Wärme ab.

Was treibt den Klimawandel an?

Das Klima wandelt sich durch Veränderungen auf der Sonne und in den Ozeanen, durch die Verschiebung von Kontinenten und Vulkanausbrüche. Neben diesen natürlichen Einflüssen haben wir Menschen einen großen Anteil daran, dass es auf der Erde wärmer wird.

Seit 1850 entstanden immer mehr **Fabriken**, in denen mithilfe von Maschinen Waren produziert wurden. Das erfordert sehr viel Energie. Die Anlagen stoßen Abgase aus, die sich beim Verbrennen bilden. Diese sammeln sich in der Atmosphäre und heizen die Erde weiter auf.

Ein Großteil unserer Energie wird derzeit noch aus **fossilen Brennstoffen** gewonnen. So nennt man die teils Hunderte Millionen Jahre alten Überreste von Tieren und Pflanzen, die wir als Erdöl, Erdgas und Kohle aus dem Boden fördern. Bei ihrer Verbrennung setzen sie enorme Mengen CO_2 frei.

Treibhausgase entstehen auch in der **Landwirtschaft**, wenn Maschinen und Düngemittel auf den Feldern eingesetzt werden. Rinder und Schafe stoßen beim Rülpsen und Pupsen jede Menge Methan und Lachgas aus. Diese Gase sind für das Klima noch schlechter als CO_2.

Der **Verkehr** verursacht sehr viel CO_2. Es entsteht schon bei der Produktion der Fahrzeuge, gelangt aber vor allem mit den Abgasen in die Luft. Am klimaschädlichsten ist die Reise mit dem Flugzeug. An zweiter Stelle steht bereits die Fahrt mit dem Auto. Prima fürs Klima ist dagegen das Fahrrad.

Wie wir wohnen und uns **zu Hause** verhalten, hat ebenfalls einen Einfluss. Meist wird mit fossilen Brennstoffen geheizt. Auch unser Strom stammt noch knapp zur Hälfte aus diesen Quellen. Energie verbrauchen wir etwa beim Kochen, Waschen und für Geräte wie Kühlschrank und Computer.

So eine Katastrophe!

Die steigenden Temperaturen auf der Erde verändern auch das Wetter. Wenn es wärmer ist, nimmt die Luft mehr Feuchtigkeit auf. In der Atmosphäre gibt es dann viel Wasserdampf, der in Form von Wolken sichtbar wird. Wo Wolken sind, kann es regnen – und immer häufiger kommt es zu schweren Unwettern und Überschwemmungen. Berghänge rutschen ab, Bäche werden zu reißenden Strömen und ganze Landstriche versinken in den Fluten.

In anderen Regionen der Welt kann es zeitgleich so trocken sein, dass die Nahrung auf den Feldern verdorrt und die Brunnen versiegen. Ein einziger Funke kann dann einen ganzen Wald in Flammen setzen. Der Kampf gegen das Feuer dauert manchmal Wochen oder sogar Monate.

Heftige Stürme nehmen ebenfalls zu. Über dem warmen Ozean bilden sich Hurrikans, also tropische Wirbelstürme. Sie richten gewaltige Verwüstungen an, wenn sie auf Land treffen. Auch Tornados treten häufiger und an immer mehr Orten auf – selbst in Deutschland, das bisher längst nicht so stark vom Klimawandel betroffen ist wie andere Länder.

Für Forscher

Fülle ein rundes Schraubglas bis unter den Rand mit Wasser. Gib einen Tropfen Spülmittel und etwas Lebensmittelfarbe dazu. Schraube den Deckel fest auf. Drehe das Glas schnell rechtsherum um seine eigene Achse. Schon entsteht im Inneren ein Tornado.

Das Wasser steigt

Weltweit wird es wärmer. Deswegen schmelzen die Gletscher – das sind riesige Eisfelder – und ihr Wasser fließt in die Ozeane. Dort steigt der Meeresspiegel, also die Höhe der Wasseroberfläche. Das bedroht die Menschen, die an der Küste leben. Immerhin ist das die Hälfte der Erdbevölkerung. Da warmes Wasser sich ausdehnt, braucht es noch mehr Platz.

Die italienische Stadt Venedig wird regelmäßig überschwemmt. Dann dringt das „acqua alta", das hohe Wasser, in die Gebäude ein und überflutet Plätze. Wegen des Klimawandels kommt das immer häufiger vor.

Zum Schutz gegen das Hochwasser werden an vielen Küsten Deiche gebaut. Sie sollen das Meer von den Häusern fernhalten. Den teuren Bau solcher Wälle können sich nur reiche Länder wie Deutschland leisten.

Durch den Klimawandel regnet es in einigen Regionen Asiens stärker und öfter. Die Folge sind schwere Überschwemmungen. Menschen und Tiere sterben. Häuser werden unbewohnbar und sauberes Wasser wird knapp.

Schlaue Frage

Können Inseln im Meer versinken?

Ja, das ist möglich. Inseln wie die Malediven im Indischen Ozean liegen im Durchschnitt nur einen Meter über dem Meeresspiegel. Steigt dieser weiter an, wird das Land überflutet.

Auch in Deutschland treten etwa nach starken Regenfällen regelmäßig Flüsse über die Ufer. Mit Sandsäcken versucht man, das Wasser aufzuhalten.

Wem nützt ein Brunnen ohne Wasser?

Im Sommer kann es bei uns sogenannte Hitzewellen geben. Dann ist es tagelang sehr warm. Fällt anschließend über einen längeren Zeitraum auch kein Regen, wird der Boden trocken und das Gras verdorrt.

In den Regionen der Welt, in denen es ohnehin schon heiß ist, kommt es bei anhaltender Trockenheit zu Dürren. Seen und Brunnen trocknen aus. Tiere verdursten und auf den Feldern wächst nichts mehr. Das kann zu Hungersnöten führen.

Ohne Wasser ist auf Dauer kein Überleben möglich.

Mein Lexikon

Dürre:
Dürre bedeutet Wassermangel. In vielen Ländern ist das Wasser oft knapp. Das Leben der Menschen ist dadurch bedroht. Wer kann, zieht weg.

Mein Beitrag

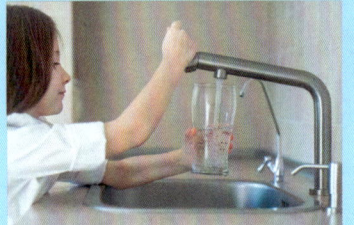

Auch wenn es bei uns im Moment noch genügend Trinkwasser gibt: Verschwende es nicht. Lass es nicht unnötig laufen und dreh den Wasserhahn immer zu.

Die Kinder holen Trinkwasser mit Kanistern.

In zahlreichen Gebieten der Erde ist die Versorgung mit Trinkwasser schlecht. Eigene Leitungen im Haus gibt es nicht. Die Menschen holen Wasser aus einem Brunnen, von einer Wasserstelle im Dorf oder sie bekommen es mit Lastern geliefert.

Durch den Klimawandel verschlechtert sich ihre Situation weiter, denn Wasser wird noch knapper. Verschiedene Hilfsorganisationen unterstützen die Menschen beim Bau neuer Brunnen. Wissenschaftler tüfteln auch an Ideen, wie man Nebel einfangen und die Feuchtigkeit sammeln kann.

In einem offenen Brunnen verschmutzt das Wasser leicht. Wer davon trinkt, wird vielleicht krank. Wasserfilter können helfen.

Das große Artensterben

Mein Beitrag

Bei uns gibt es immer weniger Insekten. Das ist schlimm, denn sie bestäuben Pflanzen und sorgen damit für Obst und Gemüse. Außerdem sind sie für die Ernährung von Vögeln lebenswichtig. Mit einem Insektenhotel lockst du Wildbienen, Marienkäfer und andere nützliche Tiere in euren Garten oder auf den Balkon.

Der Mensch ist mitverantwortlich für den Klimawandel – und damit auch für das weltweite Artensterben. Normalerweise gelingt es Pflanzen und Tieren, sich an veränderte klimatische Bedingungen anzupassen. Weil die Temperaturen inzwischen aber schneller steigen, funktioniert das nicht mehr. Wissenschaftler gehen davon aus, dass täglich rund 150 Arten aussterben. Bei diesem Tempo sind bis zum Jahr 2080 die Hälfte aller Pflanzen- und Tierarten verschwunden.

Das Artensterben lässt sich mittlerweile überall auf der Welt beobachten. Bei uns sind besonders die Vögel betroffen. Sie brüten früher, weil es eher warm ist, finden dann aber nicht genügend Raupen zum Füttern ihrer Jungen. Das empfindliche Gleichgewicht in der Natur ist durch den Klimawandel gestört.

Das Verschwinden vieler Arten wirkt sich wiederum auf das Klima aus. Die Lebewesen tragen nämlich zum Beispiel dazu bei, dass die Regenwälder und Meere gesund bleiben und genügend CO_2 aus der Atmosphäre filtern. Je größer die Artenvielfalt ist, desto besser.

Mit den steigenden Temperaturen verliert das Futter der Koalas an Nährstoffen. Sie werden nicht mehr satt. Auch Waldbrände bedrohen ihr Leben.

Korallen sind wichtige Lebensräume für Meerestiere und Algen. Sie leiden stark unter den steigenden Wassertemperaturen. Viele Riffe sterben ab.

Mein Lexikon

Riff:
Ein *Riff* ist eine Art lang gestreckter Hügel im Meer, der zum Beispiel aus zahlreichen Korallen besteht. Es ragt vom Boden auf und kann bis über die Wasseroberfläche reichen. Das größte Korallenriff der Welt ist das Great Barrier Reef (sprich etwa: Greyt Bärria Rief) vor Australien.

Was macht der Eisbär ohne Scholle?

Mein Lexikon

Packeis:
Liegen Eisschollen dicht an dicht mit nur wenig freien Wasserflächen dazwischen, spricht man von *Packeis*.

Schlaue Frage

Was ist Krill?
Krill ist die Bezeichnung für garnelenähnliche Krebstiere. Sie kommen in der Antarktis in großen Schwärmen vor.

Eisbären sind zum Symbol für den Klimawandel geworden. Sie leiden besonders unter den Temperaturen, die in keiner Region der Welt so stark steigen wie in der Arktis, also rund um den Nordpol. Das Eis schmilzt im Sommer und in den Wintern bildet sich nicht genug neues. Lässt sich diese Entwicklung nicht stoppen, ist es bald ganz verschwunden.

Der Lebensraum der Bären wird von Jahr zu Jahr kleiner. Sie brauchen das Eis, um zu jagen. Am Rand von Schollen und an Eislöchern warten sie darauf, dass Robben, ihre Lieblingsspeise, auftauchen. Ohne Packeis können sie keine Beute mehr machen und müssen hungern. Viele Bären wandern deshalb über Land in Siedlungen, um dort nach Nahrung zu suchen. Für die Bewohner sind die Tiere sehr gefährlich und sie versuchen, die Eisbären zu vertreiben. Manchmal gelingt das nicht.

Die Pinguine in der Antarktis haben es ebenfalls immer schwerer, genügend Futter zu finden. Zahlreichen Fischen, die auf ihrer Speisekarte stehen, ist das Wasser am Südpol längst zu warm. Auch Krill gibt es deutlich weniger.

Schätzungen zufolge leben noch etwa 26 000 Eisbären in der Arktis. Bis zum Jahr 2050 werden es wahrscheinlich ein Drittel weniger sein.

Können Bäume das Klima retten?

Bäume spielen für das Klima eine entscheidende Rolle. Über ihre Blätter nehmen sie Kohlenstoffdioxid auf und verwandeln es in Sauerstoff. Ohne Bäume könnten wir nicht leben. Sie produzieren fünfzig Prozent des Sauerstoffs in der Atmosphäre. Wälder können aber noch mehr: Sie filtern Dreck aus der Luft, bremsen den Wind und speichern Wasser. Für viele Tiere und Pflanzen bieten sie Lebensraum und regeln die Temperatur, so wie der Amazonas-Regenwald in Südamerika. Er ist der größte tropische Regenwald der Welt. Man nennt ihn auch die „grüne Lunge" der Erde.

Trotzdem gibt es Länder, in denen man sehr viele Bäume abholzt und verbrennt. Den gewonnenen Platz nutzen die Menschen dann als Viehweiden oder Plantagen (sprich: „agen" wie in „Garagen"). So nennt man große Anbauflächen, auf denen nur eine einzige Pflanzenart wächst. Durch die Vernichtung der Wälder wird jede Menge CO_2 auf einmal frei und beschleunigt den Klimawandel. Gefällte Bäume sollten deshalb immer durch neue ersetzt werden, auch wenn diese zunächst nur wenig Kohlenstoffdioxid speichern können.

Für Forscher

Gehe an einem heißen Tag in den Wald. Ist es dort kühler oder wärmer als in der Umgebung?

Mein Beitrag

Pflanze einen Baum und wässere ihn, bis er gut angewachsen ist. So kannst du einen Teil der Treibhausgase, die du verursachst, ausgleichen.

So arbeiten Klimaforscher

Seit Mitte des 20. Jahrhunderts beschäftigen sich Wissenschaftler mit dem Klimawandel und seinen Auswirkungen. Verschiedene Forschungsrichtungen arbeiten zusammen, um möglichst viele Daten zu sammeln. Aus denen lässt sich die Entwicklung des Klimas ablesen.

Meeresforscher nutzen Bojen. Manche dieser kleinen Geräte treiben in tausend Metern Tiefe und steigen regelmäßig auf. Dabei messen sie die Wassertemperatur, den Druck, die Strömung und den Salzgehalt. Bojen, die an der Oberfläche bleiben, registrieren Wind, Lufttemperatur und -feuchtigkeit.

Mit einem Wetterballon sammeln Meteorologen, also Wetterkundler, Informationen über die Luft. Temperatur, Luftdruck und Feuchtigkeit werden registriert und zur Auswertung an Wetterstationen gesendet. Je nach Größe steigt solch ein Ballon in bis zu vierzig Kilometer Höhe auf.

Seit den 1950er-Jahren werden auf den Forschungsstationen in der Antarktis Untersuchungen durchgeführt. Mit dieser Scheibe misst man zum Beispiel die Sichttiefe. Je tiefer man sehen kann, desto weniger Mineralien und Plankton – das sind winzige Lebewesen – befinden sich im Wasser.

Auch Tiere sind für Klimaforscher interessant. In der Arktis untersuchen Biologen Eisbären und stellen so fest, wie gesund sie sind. Wird der betäubte Bär dann noch mit einem Sender versehen, lässt sich später sein Laufweg verfolgen und beobachten, ob sich sein Jagdrevier verändert.

Bäume bilden Jahresringe, die in warmen, feuchten Jahren breiter ausfallen als in kalten. Anhand der Ringe können Wissenschaftler feststellen, welches Klima zur Lebenszeit des Baumes an seinem Standort herrschte. Je älter der Baum, desto weiter reicht der Blick in die Vergangenheit.

Lässt sich der Klimawandel stoppen?

Während der Corona-Pandemie sind die Menschen viel weniger geflogen. Das hat sich positiv auf das Klima ausgewirkt.

Der Klimawandel ist ein weltweites Problem. Deshalb können ihn nur alle gemeinsam lösen. 1988 wurde der Weltklimarat (IPCC) ins Leben gerufen. Er beobachtet die Forschung zum Thema, fasst sie in einem Bericht zusammen und stellt die Ergebnisse vor.

Welche Maßnahmen daraus folgen, legen Politiker fest. Sie treffen sich einmal im Jahr zur Weltklimakonferenz und diskutieren, wie die Erderwärmung gestoppt werden kann. So entstand 2015 das Pariser Abkommen.

Die deutsche Bundeskanzlerin Angela Merkel und der ukrainische Präsident Petro Poroschenko auf dem Weg zur Konferenz in Paris.

An den Weltklimakonferenzen nehmen viele Journalisten teil. Sie berichten etwa in Zeitungen über die Ergebnisse der Gespräche.

Fast alle Länder der Welt haben sich 2015 in Paris verpflichtet, den Temperaturanstieg auf 1,5 Grad Celsius zu begrenzen, gerechnet vom Beginn der Industrialisierung (um 1850). Seitdem ist es auf der Erde im Durchschnitt bereits ein Grad wärmer geworden. Der CO_2-Ausstoß soll bis 2050 so weit gesenkt werden, dass nicht mehr Gas in die Atmosphäre gelangt, als die Pflanzen aufnehmen können. Außerdem will man die ärmeren Länder bei der Umsetzung dieser Ziele unterstützen. Würden sich alle an diese Vereinbarung halten und schnell handeln, ließe sich der Klimawandel vielleicht stoppen.

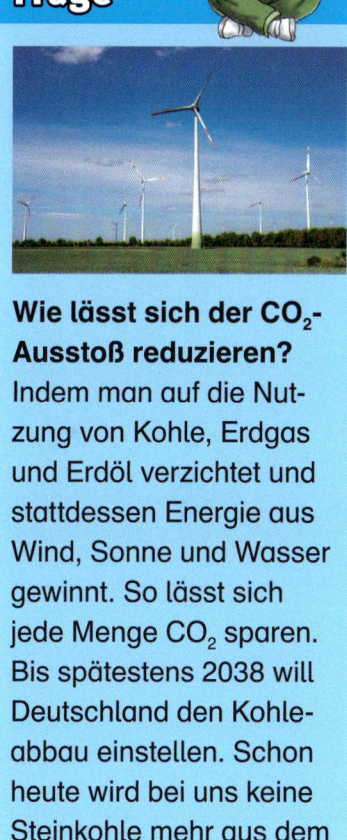

Schlaue Frage

Wie lässt sich der CO_2-Ausstoß reduzieren?
Indem man auf die Nutzung von Kohle, Erdgas und Erdöl verzichtet und stattdessen Energie aus Wind, Sonne und Wasser gewinnt. So lässt sich jede Menge CO_2 sparen. Bis spätestens 2038 will Deutschland den Kohleabbau einstellen. Schon heute wird bei uns keine Steinkohle mehr aus dem Boden geholt, dafür aber aus anderen Ländern eingekauft.

Klimafreundlich leben

Mein Lexikon

Nachhaltigkeit, nachhaltig:
Nachhaltigkeit bedeutet, dass man bei seinem Handeln immer auch an die Auswirkungen für die Zukunft denkt. Wer sich *nachhaltig* verhält, schont die Umwelt.

Schlaue Frage

Was mache ich mit alten Spielsachen?
Schmeiße Dinge, die noch gut sind, nicht gleich weg. Verkaufe sie zum Beispiel auf dem Flohmarkt.

Jeder kann dazu beitragen, das Klima zu schützen. Nicht immer sind neue Gesetze nötig. Manchmal reicht es schon aus, seine Gewohnheiten zu ändern. Das ist am Anfang vielleicht nicht ganz so bequem, wird aber schnell selbstverständlich. Hier ein paar nachhaltige Vorschläge:

Wenn du mit dem Rad zur Schule fährst, ist das sehr umwelt- und klimafreundlich. Es werden keine Abgase in die Luft gepustet und es wird kein Benzin verbraucht. Außerdem macht Radfahren Spaß und du bleibst ganz nebenbei auch noch fit.

Iss weniger Fleisch. Die Herstellung von einem Kilogramm Rindfleisch verursacht 13,3 Kilogramm CO_2. Pflanzliche Lebensmittel wie Karotten liegen mit hundert Gramm CO_2 pro Kilogramm weit darunter.

Spare Strom. Mach hinter dir das Licht aus und fahre den Laptop herunter, wenn du ihn nicht benutzt. Im Stand-by-Modus verbraucht er nämlich Energie, die auch aus fossilen Brennstoffen gewonnen wird.

Trage deine Kleidung möglichst lange. In manchen Läden gibt es gebrauchte Stücke zu kaufen. Von der Herstellung bis zur Entsorgung verursacht ein T-Shirt zum Beispiel etwa elf Kilogramm CO_2.

Pflanze Wildblumen, Kräuter, Obst und Gemüse auf dem Balkon oder im Garten. Damit lockst du Insekten wie Bienen und Hummeln an. Sie finden dort Nahrung und bestäuben andere Gewächse.

Kinder an die Macht

Politik ist nicht nur etwas für Erwachsene. Auch Kinder und Jugendliche können sich für Themen, die ihnen am Herzen liegen, einsetzen. Bestes Beispiel dafür ist „Fridays for Future" (sprich: Freideys vor Fjutscher), kurz FFF. Schüler und Studenten streiken an Freitagen für eine schnelle Umsetzung der Klimaziele, wie sie im Pariser Abkommen vereinbart wurden. Zunächst waren es nur kleine Gruppen, die während der Schulzeit demonstrierten. Bald gingen Millionen Menschen weltweit für das Klima auf die Straße.

Neben FFF gibt es viele weitere Umweltprojekte, die Kinder gestartet haben. Zu ihnen gehört der Deutsche Felix Finkbeiner, der Bäume pflanzt, ebenso wie Lilly Platt aus den Niederlanden. Das Mädchen kämpft gegen Plastikmüll, seit es sieben Jahre alt ist. Inzwischen ist Lilly Kinderbotschafterin für den „World Cleanup Day" (sprich: Wörld Klienapp Dey), den weltweiten Müllsammeltag.

Auch Organisationen wie Greenpeace (sprich: Grienpieß), NABU, BUND und WWF haben Jugendgruppen, in denen du aktiv werden kannst.

Schlaue Frage

Wie begann „Fridays for Future"?

Am 20. August 2018 setzte sich Greta Thunberg während der Schulzeit vor das schwedische Reichstagsgebäude in Stockholm. Sie hatte ein Schild dabei, auf dem stand „Skolstrejk för klimatet". Übersetzt heißt das: Schulstreik für das Klima. Aus dem anfangs einsamen Protest des damals fünfzehnjährigen Mädchens entwickelte sich schnell eine weltweite Bewegung.

Noch Fragen?

 Wie kommen die Schiffe in die Wüste?

 Wofür braucht man diese Eisstäbe?

Früher war das keine Wüste, sondern ein Teil von einem riesigen See: dem Aralsee. Er wird von zwei Flüssen mit Wasser versorgt. Doch die umliegenden Länder zapfen mehr Wasser ab, als nachfließt. Der See trocknet langsam aus und ist inzwischen so salzig, dass keine Fische mehr darin leben können.

Das sind Eisbohrkerne. Forscher haben sie aus einem Gletscher gebohrt. Am Eis kann man das Klima vergangener Jahrzehnte ablesen. Anhand winziger Staubteilchen, Luftblasen und anderer Ablagerungen finden die Wissenschaftler heraus, wie es sich über die Zeit entwickelt hat.

? Verändert ein Vulkanausbruch das Klima?

Tatsächlich kann ein großer Ausbruch das Klima für einige Zeit verändern. Als der Vulkan Krakatau im Jahr 1883 explodierte, schleuderte er riesige Mengen Gas und Asche bis zu achtzig Kilometer hoch. Weltweit wurde es kühler und Ernten fielen aus. Kleine Ausbrüche haben aber kaum Einfluss auf das Klima.

? Was versteht man unter einem Permafrostboden?

So bezeichnet man Böden, die mindestens zwei Jahre durchgehend gefroren sind. Tauen sie auf, setzen sie große Mengen CO_2 und Methan frei. Dadurch treiben sie den Klimawandel an. Im aufgeweichten Boden versinken Häuser. Hänge rutschen ab und Bahnschienen werden krumm.

Die Autorin

Karolin Küntzel hat Germanistik, Geschichte und Weiterbildungsmanagement studiert. Seit 2008 arbeitet sie als freie Autorin und hat bereits zahlreiche Sachbücher für Erwachsene und Kinder verfasst. Außerdem betreibt sie einen Blog rund um Naturthemen. Sie lebt mit ihrer Familie in Bayern. Mehr Informationen findest du auf ihrer Homepage *www.karibuch.de*.